EL *SWING* DE LOS LOCOS

Agustín García Aguado

C<small>OLECCIÓN</small> <small>ITES</small>

EL *SWING* DE LOS LOCOS

© Agustín García Aguado
© de esta edición: Olé Libros, 2025

ISBN: 979-13-87620-57-8
Depósito legal: V-1786-2025
Impreso en España

KALOSINI, S. L.
Grupo editorial olé libros
equipo@olelibros.com
www.olelibros.com

Para Isabel, compañera de sueños,
y para Rubén y Marta,
porque de ellos será algún día la luz que me alumbra.

Soy la punta de la estrella,
la cosa de papel que cae desde el aire en los aniversarios,
el autor de la teoría
de que el espíritu
es el hueso que no se puede roer.

ANDREA COTE

De nuevo a la intemperie.
Esta vez «a la calle»
te han dicho.
A la calle amarilla
de los muertos sin Senas,
sin flores, sin guitarras.

JULIA UCEDA

PRIMERA PARTE

AMUEBLAR ESTANCIAS, VACIAR BACINES

I
Llegas con un libro de Rimbaud

Llegas con un libro de Rimbaud bajo el brazo
y yo te miro largamente como reptil que teme a la lluvia
y me oculto en la oquedad de tu sueño
Estás tan hermosa y tan ajena esta tarde
que podría hablarles eternamente de ti
a los viejos amigos *clochards* del Sena
y luego, si acompañara el tiempo
compraría una *baguette* en el barrio latino
y seguiría caminando de la mano del diablo
hasta que París me devuelva mi corazón roto

Resumiendo y, sin ánimo de extenderme
he visto un duende rosa palo en la Sainte-Chapelle
haciendo estraperlo con tus labios
Imagínate qué prodigios de orate me amparan
Y esta larga noche
comme il faut
se me ha subido a la cabeza como un vino añejo
Tengo miedo de mí mismo
no veo apenas en medio de esta turba arrolladora
que me recuerda que no soy nadie
pero intuyo que estás cerca
dulcemente recostada en mi piel de tritón esquivo
y, por decir algo medianamente sensato
grito luz de media tarde
y acaso me devuelves como un favor personal
el alma turbia y resentida
de todos los poetas que un día fueron

II
JUGAR CON RELOJES DE ARENA

Jugar con relojes de arena como un niño sin manos
desnudarse poco a poco en estaciones de metro
como quien necesita urgentemente hacer transbordo
para viajar por túneles oscuros
hacia un mundo más amable
Inventariar tus faldas tableadas del Sagrado Corazón
y dibujar con mano trémula
tus dos piernas flacas de peregrina sin santuario
Hacer añicos los armarios donde duermen mis sueños húmedos
y estallar en este mes de junio como flor prematura
Volver a media mañana del loquero
y gritar a los cuatro vientos
qué suerte me estoy muriendo por ti

Y por qué no
ventilar la casa con mil gatos pudriéndose en el ropero
hablarte de la importancia de ciertos poetas portugueses
y después sentenciar que la vida no vale nada
porque lo canta a viva voz
Violeta Parra en el viejo casete Sanyo
y porque mi padre sigue acuñando dolores años después
dolores ancestrales en su alma tan tierna
Purgar la luz de medianoche con el candil encendido
y ver estrellas rutilantes bajo tu blusa de seda
Degustar un helado de pistacho en la Puerta del Sol
mientras espero a que llegues de Marte
o del barrio de las letras en la línea 3
Leer a Ángel González con binoculares de aumento
y creer que Dios por fin se nos ha caído de un guindo

Embriagarme contigo los lunes y los jueves
y entender que este amor tan de oficio
merece al menos un epitafio en tierra húmeda
y por decir algo
un merecido final de ciclo

No volveré a escribirte un solo verso más
hasta que no me prometas el cielo por conducto oficial
y pueda ensimismarme otra vez
contemplando serenamente tus ojos de ángel azul
(eres copia exacta de la Dietrich, que lo sepas)

Si estás ausente en noche tan prodigiosa
tú te lo pierdes *darling*

III
Hermosa es la noche

Hermosa es la noche cuando leo a Gil de Biedma
en mi sotabanco de bohemio con tabardo y título de posgrado
sin mucho que hacer
y observo tu vuelo encendido de ave de paso
Tan hermosa te presiento en esta hora muda
que en este instante y sin esperar nada a cambio
me dispongo a viajar al Leteo en compañía de Campanilla
sin comprar pasaje de regreso
(Peter Pan se nos ha muerto por falta de ganas, oh sí)
Puede que tanta belleza sea solo apostura
un león rampante abrazado a mi pecho
un poema de Kaváfis que acaba en isla griega
con beso de tornillo y *tour* de grupo garantizado
O quizá todo sea una verdad a medias
una visión parcial y hasta poco objetiva
que acabará un día en el contenedor amarillo
Pero trato de decirte, sin mucho éxito
que esta noche muere un niño en mi cama de uno noventa
y nace un terrible dinosaurio cegado por falta de luz
Ayúdame, amor mío, a soportar el peso de tanta tragedia

IV
CANTURREABA MI MADRE

Canturreaba mi madre un himno élfico
y yo andaba ya tan viejo y tan bisoño en el líquido amniótico
Por cierto, ¿qué hacía yo dentro de un útero confortable
escribiendo con sangre mi primer poema?
Mi madre
que regaba geranios en un 2ºC
y creía que el paraíso terrenal y sus jardines babilónicos
los subía puntualmente a casa
y bajo estricta demanda
un hombre vestido con mono naranja y aires del este
Escribía mi madre versos blancos y listas de la compra
en las paredes encaladas del pasillo
y se alargaban los días como sombras de gigantes
mientras servidor, por no morirse de aburrimiento
garabateaba cartas a un ángel núbil
como quien restriega a mano una camisa de *nylon*
bajo un chorro de agua caliente
y volaban mil pájaros azules en mi frente marchita
Tanta memoria es una bandada perdida de vencejos
una huida hacia adelante
quizá, y sin ánimo de molestar demasiado
el proyecto frustrado de algún dios burlón

V
Alguien me robaba el corazón

Alguien me robaba el corazón en noches de agosto
quizá era una bruja de polígono vestida de Prada
o un elfo come grillos de la Tierra Media
con el rostro hierático de un vizconde demediado
Pero alguien me robaba el alma
lo juro por Dios y por todos mis diablos
Ignoro si el protagonista de tan criminal hurto
era mi profesor de lengua, don Jesús
o aquella niña rubia y solitaria con aladares
y ojos de Proserpina
que dibujaba flechas negras y corazones rojos
en las ventanas del aula de ciencias
la misma niña-endriago
que se hurgaba la nariz mirando barcos hundidos
y gritaba a los cuatro vientos
dame amor y olvídalo todo

Mi corazón de húsar sin graduación de oficial
que aún no había entrado en batalla
ese órgano vital que me advertía a cada momento
que solo era un humilde proyecto de héroe
con el rostro sereno de un niño sin fe

VI
Cuéntame, amigo mío

Cuéntame, amigo mío, cuántos elefantes verdes
abatiste bajo tu cama inmaculada de explorador de sueños
qué clase de fiebre amarilla te guardó en alcuzas
como semilla muerta
Dime que este octubre nublado y algo triste
es una flecha despuntada de un mes de abril sin flores
una tentativa de besos y yute bajo el volcán de Lowry
un proyecto de vida frustrado por el trabajo rutinario
en un almacén apartado de cierto polígono industrial
como mozo de delirios manufacturados

Siento pena por mí
por falta de recursos propios para cazar duendes y princesas
Sincérate conmigo, amigo mío,
aparta de tu pecho el cáliz de las culpas
y atrévete a blasfemar como un demonio sin tridente
que ha caído en el más cruel de los destinos

El mundo te estará eternamente agradecido

VII
Bajo el dosel de tu sonrisa

Bajo el dosel de tu sonrisa
he descubierto valiosísimos libros de bitácora,
ojos melancólicos de horribles gorgonas
que supieron maldecirme a tiempo con justa maldad.
También he encontrado, sin proponérmelo,
lunares y espinillas en tu cuello de alabastro,
pechos sucintos de diosas griegas,
puentes vetustos de piedra
más allá de las colinas del sueño,
dientes tan blancos como pez en la nieve.
Cuánto desearía esta noche verte desnuda,
recortada como sombra chinesca
sobre el gotelé de mi buhardilla de veinte metros.
Resumiendo, amiga mía,
mil veces viva te quisiera
como brizna de aire en la tormenta
y, en ocasiones muy especiales,
también podrías valerme como trofeo de caza mayor.

Bajo los arrayanes de tu pelo enmarañado
—artistaza—,
he visto al coloso de Rodas con su *troupe* bárbara
navegando en mar abierta y sin astrolabios,
y a Dios, nuestro particular Señor de los Anillos;
Él también mostraba cierto afecto por las cosas
que un día fueron nuestras
y hoy acaso solo son memoria y ceniza.

Me gustaría que te quedases a cenar esta noche, *darling*, compartiríamos un guiso suculento de corazones rotos. El vino, a la temperatura exacta de 13º, lo pones tú.

VIII
COMO AGUA PARA CHOCOLATE

Como agua para chocolate
yo también leí esa dichosa novela y me pareció ñoña
Era algo así como un estanque de algas y peces de plástico
realismo mágico y divisible por dos
que se esfumaba con las horas como pompas de jabón
También compré en grandes almacenes tus dientes tan blancos
y un yogur griego que le devolvió la paz a mi flora intestinal

Por decir algo que no atente contra el buen gusto
busco tu nombre en los carteles luminosos
camino por Gran Vía tras un millón de burlones caimanes
que me muerden la mano amablemente
cuando me atrevo a sacarlas de los bolsillos
para fumar un cigarro y prenderme a la vida
Y luego estás tú siempre
un problema de álgebra sin resolver
varada en el color verde esperanza de los semáforos
pero entiendo que no me esperes nunca
ahora me doy la gran vida
escalo posiciones en la pirámide sentimental
con una musaraña de mi máxima confianza
y leo en braille igual que un pobre ciego
un par de libros que hablan de superación personal
buscando tu nombre en los anuncios por palabras
combatiendo sin armas en wasap
y en perfecta rigidez de espíritu
contra tu lengua rosada de iguana

Qué más quisiera yo
que tener la suerte de pintarte Maja desnuda
Venus tristísima de un salón de juego en barrio proletario
pero he de conformarme con beber café aguado en vasos de plástico
y añorar los tres días y las mil noches
en que fuimos capaces de saltar como ranitas felices
por aceras mojadas de madrugada
en una ciudad de ensueño
Pongamos que hablo de Madrid
como diría el otro

Dime qué nombre podríamos ponerle a aquel tiempo, *darling*.

IX
EL LODO DE MI PADRE

El lodo de mi padre en sus zapatos
cuando llegaba a casa y ponía el telediario
y surgían dagas como lirios silvestres en su alma cansada
Aquel vestido verde de la vecina del 1ºB
cuando subía de dos en dos las escaleras melladas
como dientes de leche
y el mundo se le caía a los pies por un amor extraviado
La infinita línea de los labios de mi reina soñada
una sultana de Bagdad con vaqueros Levi's
habitadora de olvidos
y mancillada por ciertas urgencias en el alma
la misma que vivía a veinte metros de casa
y canjeaba por paz y besos sus noches de vigilia
Ahora solo soy un humilde coleccionista de sueños
Bienvenido a la edad adulta, amigo mío

X
Y viene doña Bárbara

Y viene doña Bárbara de la tierra de los cafetales
y me ordena poner rodilla en tierra
solo para someterme a su tiránica voluntad
Después me obliga a regar con mi sangre
sus siete macetas de petunias
y antes de dormir a medianoche
saco a pasear a sus alazanes de sangre árabe
Aburrido como una ostra apago el viejo Telefunken
y abrazo en improvisado acto solemne
a esa dulce criolla que me esquiva con su alma primaria
y lo hago con afecto indisimulado
y sin poner reparos a todos y cada uno de sus caprichos

Tanto folletín debe ser obra del diablo
porque no hago otra cosa que repetir su nombre
y no salgo de este asombro de serial con final trágico
En el capítulo tres mil ciento y pico, estoy seguro
seguiremos hablando de haciendas y flores del cafeto
Una pérdida de tiempo, lo sé
pero ¿qué otra cosa es la vida?

XI
SI EL AMOR CUPIESE EN EL BOLSILLO

Si el amor cupiese en el bolsillo interior de mi abrigo
quizá te olvidaría un día de noviembre
para que nacieras sin mácula en la luz de junio
Pasearía de tu mano por aquellas ciudades que soñamos
lugares mágicos donde olvidamos nuestros nombres
Lisboa nos está esperando con mucho amor en la Alfama
se ha vestido de dama portuguesa con gonela
y nos vende por dos escudos *pastéis de Belém*
mientras nuestros cuerpos envejecen tristes
como árboles sin savia que nacieron muertos
y llamamos madre a la tierra por decir algo
También es posible
que tengamos un breve encuentro en Florencia
un abrazo felino en el puente del Arno
un autobús rojo de dos pisos con muchacha desnuda en la City
y por qué no un plato de aceitunas con beso de lengua en Patmos
Pero si dejamos para mejor ocasión la geografía
podemos dedicarnos a surcar el aire de esta nuestra *Villa y Corte*
y conformarnos solo con ser anónimos dioses
reflejados en el triste neón de los escaparates

XII
Volvemos a casa

Volvemos a casa como esos indios sin plumas
que dejaron sus cabelleras en *Fort Apache*
Mamá está haciendo la cena y escucha pájaros en su alma
Padre lee las cuatro letras del alicatado del baño
como si deseara ser políglota o amanuense medieval
sin códice que ilustrar ni miniaturas
Hay una tristeza sin par en los muebles de esta casa
1975 es un año propenso para gripes de tipo A
y quizá para librar batallas sin cuartel con el diablo
Pero tan pronto como abro la puerta del hogar
te sorprendo viva
desnuda igual que la Venus de Urbino
durmiendo a tus anchas
como un gatito negro sobre el regazo de la muerte

Volvemos al hogar con veinte años
y mira que nos fuimos un sábado a media tarde
siendo dos pequeños maquinistas de la tragedia
Ahora somos tan viejos este corazón mío y yo
que podríamos rivalizar sin mostrar aprensión
con ciertas estatuas griegas de museo
aquellas criaturas de Fidias
que nos recuerdan nada menos quiénes fuimos
y quiénes somos ahora

XIII
De impaciencia morimos

De impaciencia morimos
si no sabemos dar cuerda a los relojes

De impaciencia infinita
y por designio de un dios burlón
somos polvo y materia orgánica
Quizá hayas consumado niña mía
un viejo matrimonio de circunstancias
en algún rincón de Gales con un conde sin castillo
o puede que seas una heroína del *Reader's Digest*
buzoneada en almas cautivas
o reina numismática en mi álbum de viejos afectos
Pero por el momento
y sin caer en el dato estadístico de la melancolía
permíteme que te despoje de tu corazón tan blanco
y vuelvas a ser otra vez pura y hermosa
como en mis sueños de niño asmático
una bruja con escoba huyendo del mundo
un perro colérico que ladra a sus vecinos en esperanto
quizá un esclavo de la gleba
partiendo mi cabeza de rey bárbaro en dos mitades
Quieran Dios y el diablo que estés aún conmigo
cuando me sobrevuele el delirio de vivir
y solo vea luces y sombras en tus ojos
como extraños y hondísimos mares abisales

XIV
Qué rabia encendida

Qué rabia encendida, qué inútil furor
cuando siento lejos de mí
que el cuerpo de mi dama castellana
trepa por altas atalayas inimaginables
y se pierde en eternas tardes de niebla.
Qué estúpido enojo, qué cólera infinita
a la hora de fletar barquitos de papel con sueños gris perla.
¿Acaso solo soy ese hombre de los recados
que se pierde como el cantar en los descansillos
donde suelen anidar las dulces culebras del olvido?
Mejor, me someto a un estricto régimen,
me alimento frugalmente de sueños
como un poeta en franca manquedad,
y, después, si no he muerto al tercer timbrazo,
podré refunfuñar a mi antojo
como ese ogro temible que ha olvidado
sus garras en el corazón amable de una muchacha.

XV
LA HABITACIÓN DEL PÁNICO

La habitación del pánico
puede que fuese la iglesia del Carmen en días festivos
cuando Dios se ponía la mala leche por montera
y había que salir huyendo del templo de los fariseos

El supermercado
con sus cajeras pieles rojas y sus bolsas de rafia
con aquella cola de clientes robando manzanas del Edén
o la juguetería Hnos. Rodríguez de la esquina
donde aprendí a matar con pistola de plástico
a mi hermano pequeño y algo traidor
Aquel antro sin mascotas reconocibles ni tragaluces
un inmenso espacio en llamas
el infierno pintado en colores ocres
Por allí pasaron en terrible prueba eliminatoria
mis abuelos con sus máuseres cansados
y sus cartas de amor desde Ceuta
También supieron hacerse fuertes dos curas de confesionario
que supieron arrancar mi corazón de cuajo
Cuánta culpa sin haber vivido aún
horas oscuras donde el amor pesaba tanto en el hígado
como un cáliz de vino robado de una sacristía
Ese amor sin placer y sin culpa definidos
que terminó almidonado en el cajón de la ropa blanca
junto a mis sábanas de explorador de este y de otros mundos

XVI
Cumplir veinticinco

Cumplir sesenta tan a gusto en los Madriles
y pensar que los números y los años no dejan de ser tigres airados
He vivido otras vidas antes lo sé bien
llegué a liderar sectas del Ku Klux Klan en la Baja California
fui amante seductor sin cortesanas en Venecia
(me moría por Jane Birkin y su *je t'aime mon amour*)
y hasta puedo decir con cierto orgullo
que me quisieron reinas Trastámara de Castilla
como preceptor de confianza para sus pequeños delfines
Pero ahora y sintiéndolo mucho
me ha tocado vivir en un mundo muy pequeño
y por esa razón levanto la pata izquierda
para orinar sobre las farolas del delirio
como perro apaleado de lazarillo

Mambrú se va a la guerra qué dolor qué pena
cada vez que enciendo el televisor
y asisto a un desahucio puntual con yogurtera en barrio obrero
o contemplo ojiplático una aldea en Gaza
arrasada por mil ángeles flamígeros que rezan la Torah

Mañana espero reencarnarme en flor carnívora
y si es posible no ver nunca más telediarios
La vida de hoy me cansa tanto...

XVII
ERAS UNA MUCHACHA SIN PAISAJES LUMINOSOS

Eras una muchacha sin paisajes luminosos
Por no tener
no tenías siquiera un nombre
Pero yo te amaba más allá de lo estrictamente necesario
porque estabas viva
bajo la madera carcomida de mi pupitre
Volabas libre como ave de paso en horas de tránsito
Me gustaba verte coloreada como un lago azul y criminal
en mis cuadernos secretos de ilustrador del desvarío
y por ti empeñé al mejor postor
mi corazón-baratija de adolescente
No recibí nada a cambio por alquilar tu alma
en figones de mala nota
En realidad no supe nunca si te ibas de mí o te quedabas
pero aún recuerdo aquella mañana de un tres de noviembre
Salías del aula de Historia con paso atropellado
los libros de texto bajo el brazo
y con cierta expresión adorable de reina hitita
Me miraste un solo segundo
y el tiempo milagrosamente se detuvo para siempre
¿Qué nuevos prodigios vienes hoy a desvelarme?

Quizá debiéramos sentarnos otra vez
bajo el árbol dorado de aquel jardín fugaz
y proceder sin más dilación a la ceremonia del reencuentro

XVIII
Esta extraña pureza

Esta extraña pureza de habitar diez minutos en tu pecho
como en alocada simbiosis vertical
El humo fabril de las chimeneas
cuando enciendo un cigarrillo a medianoche
con mi poema hecho cenizas y mis taras a cuestas
Querida mía
todo cuanto soy capaz de ver se me nubla
y parece irreal como una película de Fellini en el Pavón
Tu cuerpo tan hermoso reencarnado en flor blanca
y esa *azulidad* de espantosa ambulancia
que me transporta con urgencia al hospital de día
donde tratan a los melancólicos terminales
Esta extraña voluntad de ahogarte en los cuentos
y hacer de ti Caperucita feroz y lobo sumiso con guante blanco
y luego quedar en la Vía Láctea del barrio
para tomar unas copas
y preguntarte con la mala baba acostumbrada
qué tal anda de salud tu abuelita
La insípida sensación de beber café contigo los domingos
y descubrir algo azorado
que en tus ojos hay túneles por zapar y legañas
de una pesadilla que no terminará nunca
quizá esa sensación tan incómoda
de abrocharse uno a uno los botones de persona mayor
pedir una cerveza bien fría en el bar de siempre
y comprender que todo esto es una ruina
que me has robado esperanza y afectos
con tu mano tan pequeña
y con uñas que son dagas clavadas en mi garganta

Ahora puedes escurrir el bulto
largarte a otros territorios más amables
como quien viaja en primera clase con perrito de lanas
pero no olvides que todos los trenes regresan
por vía muerta a su estación de partida

XIX
En el índex de mi libro

En el índex de mi libro de contabilidad
estás registrada con letra cursiva en la página uno
después si me pongo a pensar
todo es una bandada de aves de paso
quizá no supe describir tu soberbia resistencia a la autoridad
recuerda aquella tarde tan épica
un policía te pidió el carné en Sagasta por alborotadora
y tú le mostraste con sorna tu cédula de ángel de la guarda
Estabas loca amor mío
eras aceite hirviendo en una caldera de sueños limpios
pero por ti asalté ciudades fortificadas
luché con la pérfida Albión por un plato de *fish and chips*
cerca de Piccadilly Circus
y hasta tuve tiempo de salir en las noticias de las tres
cuando un loco con montera de torero
subió a gatas y sin arneses
a la Torre Eiffel y dijo tierra a la vista
¿Me merezco tu desgana y tu último óbolo de madera?
Creo que mejor debieras pagarme en especie
así que como en un *blues* de barrio negro con *jukebox*
dame un beso un último beso una razón última
para ahogarme feliz y contento debajo de tu lengua
y prometo no volver a hablar de ti
sin el permiso de los profetas mayores

XX
¿QUÉ HISTORIA PODRÍA RELATAR?

¿Qué historia podría relatar si no tengo historia?
¿si interpreto el oficio de pregonero de mi propia tragedia?
Algunas tardes me siento vibrar
me emociono tanto que sospecho que soy el Elegido
Pero compruebo con horror que solo es mi móvil quien tiembla
y entonces me sumo en un delirio de argonauta en pijama
Estoy loco de remate, lo sé, *darling*
porque registro el monóxido de carbono
de algunos corazones contaminados por la envidia y el Ibex 35
Muy loco pero lúcido a la vez
porque verán ustedes y perdonen que me ande por las ramas
compro manzanas a Eva en el mercado de abastos
y le pregunto a la doña qué tal le va a su Adán

Quizá me paseen en comitivas fúnebres por medio Madrid
puede que este espíritu mío no resista al cambio climático
porque no dejo de hibernar en el dulce mundo
y añoro unos labios de mujer como el buen idiota que soy
Pero, por favor, termine usted el poema
y siéntase libre de negarme tres veces
Pedro lo hizo con Jesús en su debido momento
No sé de qué hablas, Maestro
y ahora posee en Sion una jugosa franquicia inmobiliaria

SEGUNDA PARTE

LOS LOCOS VIAJAMOS EN BUSINESS

Clávame con tus ojos esa nube
y esta esperanza de hombre que me queda.
¿Por dónde yo si estaba en la alameda
de tus ojos mintiendo cuando estuve?

CLAUDIO RODRÍGUEZ

Caracola que acercas a tu oído,
para poder reunir, tímidamente,
con el rumor del mar, mi sentimiento.

ÁNGEL GONZÁLEZ

XXI
Estimada sota de bastos

Estimada sota de bastos
siento que hoy no me llega la camisa al cuerpo
cosas que pasan
mire usted cuando uno no es perfecto
y sospecha que su amado corazón es solo piedra
Me he despertado a medianoche
con un lirio silvestre entre los dientes
he procedido como se aconseja en estos casos
a anular mi reserva en el resort Hágase la luz
para vivir un par de años más sin sentir terror
y ahora estoy aquí esperando
a que un hombrecillo vestido de rojo y con tridente
me invite a visitar sus templadas estancias
Por hoy no pienso seguir declarando sin abogado de oficio
ahora mismo me pongo a buscar nuevo hogar
en la sección por palabras de este humilde diario de provincias
que hojeo a ciegas todas las mañanas
como quien busca redimirse de su triste destino

XXII
Se acabó Dios

Se acabó Dios
hoy se inaugura esta inigualable feria de vanidades
Habrá reinas de carnaval y muchachas bisojas
con escote palabra de honor
y cucañas hasta el cielo y payasos de circo
en este corazón algo díscolo
que me delimita por sus cuatro ventrículos
Pregunten al personal qué desean beber
y luego hagan mutis por el foro
Procuren sentarse en platea como gente civilizada que son
y apaguen sus teléfonos móviles
Vuelvo a insistir con toda mi tristeza
Dios se ha largado a vivir la vida con nuestra corista
así que dejen de preguntar a nuestro personal
y abonen sin protestar el precio de la entrada

XXIII
PARA UN LOCO QUE RESISTE

Para un loco que resiste tres minutos bajo el agua
y recita la biblia apócrifa de carrerilla
no está nada mal caminar
por las calles de Madrid o por Vía Urbino
con un orinal del todo a cien a modo de cetro real
y sosteniendo en su mano izquierda
una palabra algo sucia que habla de amores inventados
Podría agitar mis dos neuronas en un sifón
saltar como un artrópodo sobre jardines verticales
pero hoy me apetece dormir junto a ti en estado mineral
convertirme en piedra guijarro del camino china en el zapato
y cómo no
menudear con mercancías inflamables en mercadillos de mala nota
o charlar con el Dios de Israel a medias
y dejarle con la palabra en la boca por mal pensado y sionista
Todo eso y más pretendo hacer hoy
si mi duende de bata blanca con su abecedario de terapias
me libera de la camisa de fuerza
y me habla con sinceridad y sin recelo
Al cabo, lo sabemos bien los dos,
no deja de ser otro tahúr como servidor
buscando hacerle trampas a esta vida maldita

XXIV
CARTA SIN REMITENTE

Carta sin remitenteAyer pinté un grafiti en la pared sur del infierno
¿y sabes?
te coloreé en tonos pastel como una tarta Pavlova
Después
y sin temer ni mucho ni poco al viento de poniente
naufragué como barquito de papel en váter público
como un marino sin trinquetes
Apenas fueron diez minutos de lucidez
tiempo suficiente para convertirme en un *voyeur* de manual
Si hasta pude verte en ese momento tan íntimo
de subirte con picardía la falda al cuello
mientras bajabas tu alma hasta los pies
y me buscabas por dentro
como en un prodigioso número de barra americana
Creerás que he perdido el oremus
y bingo
Estás en lo cierto señorita sabelotodo
porque últimamente me falta la sal
a la hora de aliñar mi ensalada de delirios
pero puede que mi suerte cambie pronto
Observo notables progresos a la hora de despertarme
y abrazarte con fuerza como si estuvieras conmigo
como si la vida solo fuera lamer tu cuello de vainilla
Todo es mentira
partamos de ese hecho incontestable *darling*
pero no me niegues que trato de esforzarme
que estos pasos que doy de gigante con poliomielitis
no te inspiran al menos cierta ternura y hasta compasión

Te escribo sin ringorrango ni lemas
me limito a suspirar como la puta princesa de los cuentos
cuando advierte que el rey
le ha robado en un descuido su bolso de Cartier

No quiero tu ausencia enmarcada en oro de veinticuatro quilates
prefiero que me eches a los perros
y luego sigue colonizando este dolor que me mata

XXV
VENID A MÍ HOJAS DE ACANTO

Venid a mí hojas de acanto
levantaos frescas al alba como diosas de aire
y provocad un leve temblor en mis quebradizas ramas
Animad a hacer de mi corazón una selva trenzada de sueños
y no digáis que el viento es enemigo de la caspa
Si os soy sincero
todavía estoy esperando a que alguien riegue mis raíces capilares
Quizá esta soledad de lirio castrado
me viene como gripe invernal por parte de padre
pero si decidís guiarme como fiel rodrigón
hasta que alcance el mismísimo cielo
os prometo que mi primera floración será para vosotras

Hojas de acanto
inventad para mí una historia medianamente creíble
ofreced el mundo a esta alma herbívora y glotona
que rumia en los verdes prados de la locura
Después de tan hermosa y prodigiosa comunión
podéis ausentaros de mí por falta de savia

XXVI
SENTIMENTALIDAD DE LOS LOCOS

Mi demencia señores del jurado
es un juego de niños
como tirar la piedra y esconder la mano
Todas las tardes sin excepción
saco el tapete verde donde extiendo la memoria
y me hago trampas con las cartas marcadas
porque entre otras consideraciones de peso
soy mi propio tahúr vaya por Dios
y porque anoche dormí con cierta poeta suicida
que me enseñó a cabalgar a lomos de Belcebú
y luego me leyó *La jaula* se ha vuelto pájaro
y se ha volado y mi corazón está loco[1]
Qué hermoso es el olvido de los perturbados
te permite abrir latas de sardinas mientras juegas
a que eres un explorador de ciudades inventadas
y hasta puedes rasgar la corteza rugosa del mundo
o grabar el nombre de la amada a cuchillo
mientras extiendes la mantequilla del desayuno
Pero no más Cupidos metomentodos con flechas y corazones rotos
ni cartas perfumadas que huelen a despedida
lo que ahora desea este ilustre vengador de vidas
que se pasea por plaza pública como un ciego con prismáticos
es dormir con la luz encendida en la mesita de noche
y creer que el sueño será eterno como un primer beso
o como una lección de violín con Paganini y dos gramos de locura
en las zahúrdas de Plutón

---

1 N. del A.: Alejandra Pizarnik, «El despertar», en *Las aventuras perdidas*.

Si dijera que soy un prototipo con escamas y lengua verde
cualquier observador medianamente sensato
pensaría que llevo del revés el jersey de cuello de cisne que me viste
pero todo es pura perspectiva
puedo jurarlo por los escorpiones blanquísimos
que me inoculan todas las noches
el veneno de este amor *prêt-à-porter*
ese afecto tan tonto que guardo como esencia
en tarros de cristal
transparentes y pequeños

XXVII
QUE SE CHIVEN A DIOS

Que se chiven a Dios los idiotas que roban el polen a las flores
que sobrevuelen pájaros negros y viudas sin pensión
en el Congreso de los Diputados
o en los jardines de Sabatini
mientras paladeo un yogur de plátano cero por ciento azúcares
y arrojo tu nombre al archivo vertical
Te llamaré Desdémona, Melibea, Dulcinea, Reina de Picas
sí eso haré
y luego te acompañaré a la academia de corte y confección
para que aprendas a tejerme un corazón textil
porque el mío
si digo verdad
es un caleidoscopio de tonos ocres que da asquito
demasiada sangre y mucho dolor innecesario
¿Qué me contestas?
¿Te apetece colarte en el tranvía amarillo de los 80
que nos subirá en cinco minutos a la Alfama
o prefieres cederme sin preguntar el asiento para inválidos?
Tú decides
Este soñador con patente de marca y orejas de soplillo
estará atento a tu sentencia
Tú decides
Siempre

XXVIII
Voy a escribir prosa poética

Voy a escribir prosa poética dos puntos
Papá lee el Marca con sus gafas de pasta y su eterno domingo
y yo juego a ser Cortázar en el París luminoso del cuarto de baño
y me enamoro locamente de la Maga y juego a la rayuela
pero poco después siento
que me encantaría convertirme en lancero
ser un soldado de Breda para rendirme sin luchar
acompañar a mi madre a la estación cuando va al pueblo
y observo preocupado
que su abrigo de paño parece una crisálida muerta
(abuela no te olvides de darle a mamá una caja de esos mantecados)
También puedo presumir de ser un chico listo
siempre suelo fijarme en los pies de los elefantes
que pisotean hormigas y hablan de la vida con una copa en la mano
mientras elevan la trompa al cielo
y ocultan como tiburones de banca sus cuernos de marfil
Podría hacer denuncia social con esta prosa poética
pero es mejor quizá cruzar el mar Rojo en *skateboard*
y decirle a Moisés que eso de apartar las aguas del mar Rojo
no se lo cree ni el mismísimo Dios
Por cierto me faltan cinco días para cumplir años
así que adiós marzo y bienvenido abril con sus flores
y sus encantadoras chicas de coro angelical
La primavera...

Siento una beatitud de mártir suspendido
en columna de mármol como estilita de manual
pero el esfuerzo me dura poco
ay que me caigo y no hay Dios que ponga remedio a este desmán

Nunca fui un gran gimnasta
y mi última hazaña celebrada fue recorrer el mundo
persiguiendo en sueños a cierta mujer sofisticada
que tenía los ojos claros de Lauren Bacall
Seguiré emborronado páginas con ripios
y alimentando caimanes hambrientos
hasta que el reloj de cuco dé las dos en punto
y mi madre me pida por favor que ponga la mesa
Pero ahora que lo pienso bien
la mesa está puesta con su mantel desde siempre
y solo falta un invitado muy especial
Algún día si todo sale bien me dejaré ver
lo prometo
para que todos podamos sentarnos a comer en paz

XXIX
Conté uno a uno los granos de arena

Conté uno a uno los granos de arena en tu cuerpo
me sobraron tres puñados de polvo sahariano
para hallar un oasis fértil en tu edredón de osos polares
Era mayo que era por mayo
y me miraste a los ojos
y no viste nada qué cosas
pero yo estaba recorriendo casbas en otros continentes
y buscando tu agua más cristalina
como zahorí asombrado
como buzo aterido en tu carne

XXX
¿TE ATREVES A MORIR CONMIGO ESTA NOCHE?

¿Te atrever a morir conmigo esta noche
para lamer así por las buenas la tierra húmeda
y jugar al escondite inglés con el mismísimo Dios?
¿Serías capaz de saltar conmigo en parapente
para ver que hay otro cielo más allá de nuestros ojos?
Llámame esta tarde después de la peli de sobremesa
y hablamos de lo nuestro
pero antes debieras saber
porque soy un tipo franco y enemigo de dar rodeos
que solo me lavo el alma los domingos por la mañana
mientras escucho a Bach y me pongo sombrero de picador
para que no se me note el miedo
así que olvídate de inútiles abluciones
y no esperes de mí un ángel de lavandería *darling*

¿Renunciarías a comerte el cruasán del desayuno
si te llamo por telepatía a eso de las siete y veinte
y te cuento que estoy metido hasta el cuezo
en una historia poco elegante de detectives muertos
y hampones enamorados de su oficio?
¿Te vienes mañana conmigo a fusilar vencejos?
Mira que luego me gustaría invitarte a otra caza mayor
pero si no dejas de mostrar ese lado blando
que luces como quien oculta una mancha en la chaqueta
entonces no digas nada
rodéate de los tuyos para no estar tan sola
y deja que este poema tan inútil y artificial
termine como un kilo de carne caducada
en la sección de orgánicos de una planta de reciclaje

49

XXXI
PARA BAILAR ESTA SAMBA

Para bailar esta samba solo hace falta que la vecina
arroje a tiempo por el balcón la bombona de butano
y se ponga a tocar la trompeta con Louis Armstrong
hasta que los ángeles del 4ºC necesiten audífonos
y toda sea una fiesta de órdago a la grande
Para abrazarte en la noche más ardiente
habríamos de llamar al cuerpo de bomberos
y solicitar por obligado conducto oficial
una escala de veinte metros para librar del fuego
a ese gatito que nos ronda a veces en la entrepierna
Para pintar bodegones en el figón sevillano del maestro
tendríamos que asaltar la sección de pintura plástica del IKEA
y después llamar a las meninas a cobro revertido
y jugar a que todos nosotros somos inmortales
y capaces de sostener como en el cuadro
la inmortal paleta de colores sin hacer por ello un drama
Para escapar a tiempo de tu último abrazo
me gustaría compartir contigo un colchón de agujas
ser tu humilde faquir dispuesto a sacrificarse
en aras de un bien común
pero supongo que es tarde para hacer borrón y cuenta nueva
Tú estás ahora en esa ciudad innombrable de Noruega
interpretando el simpático papel de inuit
con esos grandes ojos cordobeses que ni Julio Romero
Y mira por dónde
mis dos manitas de lacayo sirven copas por la noche
para pagarse la matrícula de cuarto de ciencias infusas
¡Cuánta distancia cabe en una copa de ron cola! ¿no crees?

Para escribir noche eterna
y que vengas del ultramundo encendiendo bombillas
y cegando los ojos de todas las luciérnagas
sería necesario que fuésemos cobradores de la luz en nómina
Déjame descansar un minuto amor-pájaro,
y luego olvídate de mí
Mi corazón en perfecta escalera de color
te lo agradecerá infinitamente
Soy un crupier de la mala suerte qué quieres

XXXII
Si me hablas de ti

Si me hablas de ti mientras te calzas los coturnos romanos
y recorres conmigo el ágora a la pata coja
Si decides asignarme el papel de peregrino con gallofa
cuando me ves caminando tras tu sombra
y todas las catedrales del mundo
se nos vienen encima como castillos de naipes
Si cierras la puerta del sueño
cuando te espío por el ojo de buey
y te presiento desnuda y tan lejos de mí
Si haces que este mes lluvioso de octubre
sea una resma de folios en blanco
donde pernoctan ejércitos de ángeles flamígeros
y porteros tristísimos de discoteca
Si me sobran tus manos de implacable tejedora
Si centrifugas el futuro con lavado de programa corto
y me cuelgas en tendales al sol de medianoche
Si me llamas cuando estoy algo distraído
y no puedo atenderte
porque un moscardón o una vieja idea sobre el mundo
me ronda por la cabeza
y ya sabes que suelo oficiar como explorador registrado
de sueños propios y ajenos
Si decides no llamarme nunca más
y cierras el libro de bitácora sin atreverte a cruzar la Estigia
Si Venecia sin ti
Si los canales del Rio della Misericordia
nos ahogan después de enviar mil postales sin franqueo
a ese viejo amigo que nunca está en su casa
porque huyó muy pronto del mundo
con sus zapatones de Charlot y su corazón roto

Si te despeinas sin rubor a la hora nona
y te canto a capela *Yolanda* de Pablo Milanés
y sube el índice Nikkei en la bolsa de Tokio
Si me amarras con tu piel salina
y te salgo rana y príncipe consorte sin corona
y me echo al coleto toda tu sangre para embriagarme
y luego me declaro en rebeldía
Si soy el tipo más chistoso y embustero
a la hora de explicar el movimiento pendular
de los que nacieron ahorcados como yo
y me sitúo como un atleta descalzo en el punto de partida
Si tú y yo fuéramos por designio divino dos juncos solitarios
y creciésemos en una turbulencia de aguas estancadas
Si el milagro se llama Madrid
y reservamos plaza en el bus turístico de los locos
para ver cómo se nos muere poco a poco la alegría
y todo vuelve a ser una patraña inventada por otros
Si te vistes de bosque umbrío y de bruja mala
en las noches más largas
cuando el diablo nos señala con su dedo
y me hablas de elfos y de enanos de la Tierra Media
mientras mil tortugas pasean hieráticas por tu pecho
y hacen que esta historia nuestra sea camino trillado y olvido
Permíteme entonces que te pida un último favor
olvídate de quien soy
aparta de ti este cáliz envenenado
que te ofrezco sin la menor delicadeza
y búscame libre y ajeno en otros horizontes

XXXIII
El *swing* de los locos

Me agrada conocer el inmenso océano de tus ojos
porque en esas aguas heladas
suelo hundir los pies para sentir que la vida no me llega hasta el fondo
Baila conmigo amor de mi noche prendida en cirios
apréndete de memoria la difícil orografía
que me eleva por las nubes como un globo de helio
Si no hay algo más de afecto en tus ojos
aquí no cena ni Dios
avisada estás
Tendríamos que inventar nuevos métodos familiares
para ser multitud en esta comunión de cuerpos imperfecta
así que baila conmigo un *swing*
te lo ruego alma cándida
nos están viendo danzar ángeles de cieno
y en cualquier caso amada mía
hay barra libre esta noche para mover los pies
y dejar a dos velas este destino tirano que nos somete
Podrías venir a mí en mágica estampida
presentarte en el tálamo nupcial como virgen acribillada
o en calidad de cobrador del frac con factura en la mano
Yo prometo perdonarte cualquier exceso
aceptaría la pequeña humillación de no ser nadie
Porque ¿sabes? soy ese demente que camina descalzo
por crestas altísimas y valles verdes
acaso ese muchacho con acné juvenil y ojeras
que apuesta en esquinas con viejos tahúres
a que esta vida poco amable no se juega sin hacer trampas
Baila un *swing* conmigo
y luego desiste de llamarme por mi nombre

En realidad soy ese invitado que aparece en tus sueños
sin que nadie lo reclame porque es insignificante
pero no me negarás que mi papel de pagafantas
no deja de ser un hermoso y último intento
un proyecto a largo plazo para que todo parezca
una triste historia de tirios y troyanos
¡Oh Helena ocúltame en el caballo de Troya
y deja después que el enemigo muestre a la luz sus armas!
Seguiré bailando *swing* hasta el último de mis días,
te lo juro *darling*

ÍNDICE

Primera parte.
Amueblar estancias, vaciar bacines 9
I. Llegas con un libro de Rimbaud 11
II. Jugar con relojes de arena 12
III. Hermosa es la noche 14
IV. Canturreaba mi madre 15
V. Alguien me robaba el corazón 16
VI. Cuéntame, amigo mío 17
VII. Bajo el dosel de tu sonrisa 18
VIII. Como agua para chocolate 20
IX. El lodo de mi padre 22
X. Y viene doña Bárbara 23
XI. Si el amor cupiese en el bolsillo 24
XII. Volvemos a casa 25
XIII. De impaciencia morimos 26
XIV. Qué rabia encendida 27
XV. La habitación del pánico 28
XVI. Cumplir veinticinco 29
XVII. Eras una muchacha
       sin paisajes luminosos 30
XVIII. Esta extraña pureza 31

XIX. En el índex de mi libro 33

XX. ¿Qué historia podría relatar? 34

Segunda parte.
Los locos viajamos en business 35

XXI. Estimada sota de bastos 37

XXII. Se acabó Dios 38

XXIII. Para un loco que resiste 39

XXIV. Carta sin remitente 40

XXV. Venid a mí hojas de acanto 42

XXVI. Sentimentalidad de los locos 43

XXVII. Que se chiven a Dios 45

XXVIII. Voy a escribir prosa poética 46

XXIX. Conté uno a uno los granos de arena 48

XXX. ¿Te atreves a morir conmigo
esta noche? 49

XXXI. Para bailar esta samba 50

XXXII. Si me hablas de ti 52

XXXIII. El *swing* de los locos 54